与

齐白石

一起发现山野美

动手发现艺术（九）

齐白石／原绘

赵安悱／编

四川美术出版社

齊白石

齐白石（1864—1957年），生于湖南湘潭。

中国家喻户晓的绘画大师，

连毕加索都说"我不敢去你们中国，因为中国有个齐白石。"

毕加索一生都在追求"怎样像孩子那样画画"，

而齐白石的笔下却是一片天真烂漫。

他总能把日常生活中的平凡变成神奇的艺术，

他的作品有着让人着迷的线条、色彩、构图，更有诗意的生活。

余秋雨说"我们从贝多芬身上认识了德国，

从雨果身上了解了法国……

而我们要寻找更多类似齐白石那样有代表性的符号。"

正由于爱我的家乡，
爱我祖国美丽富饶的山河大地，
爱大地上的一切活生生的生命，
因而花费了我毕生的精力，
把一个普通中国人民的感情画在画里，写在诗里。
——齐白石在获国际和平奖仪式上的演讲，1956年

齐白石自述 〔五〕
从穷孩子到艺术大师

定居北京
1917 - 1936

　　民国二十一年（1932年），我七十岁。正月初五日，惊悉我的得意门人瑞光和尚死了，享年五十五岁。他的画，一生专摹大涤子，拜我为师后，常来和我谈画，自称学我的笔法，才能画出大涤子的精意。我题他的画，有句说：

　　画水钩山用意同，老僧自道学萍翁。

　　他死了，我觉得可惜得很，到莲花寺里去哭了一场，回来仍是郁郁不乐。我想，人是早晚要死的，我已是七十岁的人了，还有多少日子可活！这几年，卖画教书，刻印写字，进款却也不少，风烛残年，很可以不必再为衣食劳累了，就自己画了一幅息肩图，题诗说：

　　眼看朋侪归去拳，那曾把去一文钱，

　　先生自笑年七十，挑尽铜山应息肩。

　　可是画了此图，始终没曾息肩，我劳累了一生，靠着双手，糊上了嘴，看来，我是要劳累到死的啦！

　　自沈阳沦陷后，锦州又告失守，战火迫近了榆关，平津一带，人心浮动，富有之家，纷纷南迁。北平市上，敌

五十六图半天下，吾贤得仿十之三。
剩水残山真位置，经营与俗太酸咸。

——《借山图》

方人员往来不绝，他们慕我的名，时常登门来访，有的送我些礼物，有的约我去吃饭，还有请我去照相，目的是想白使唤我，替他们拼命去画，好让他们带回国去赚钱发财。我不胜其烦，明知他们诡计多端，内中是有肮脏作用的。况且我虽是一个毫无能力的人，多少总还有一点爱国心，假使愿意去听从他们的使唤，那我简直对不起我这七十岁的年纪了。因此在无办法中想出一个办法：把大门紧紧地关上，门里头加上一把大锁，有人来叫门，我先在门缝中看清是谁，能见的开门请进，不愿见的，命我的女仆，回说"主人不在家"，不去开门，他们也就无法进来，只好扫兴地走了。这是不拒而拒的妙法，在他们没有见着我之时，先给他们一个闭门羹，否则，他们见着了我，当面不便下逐客令，那就脱不掉许多麻烦了。冬，因谣言甚炽，门人纪友梅在东交民巷租有房子，邀我去住，我住了几天，听得局势略见缓和，才又回了家。

我早年跟胡沁园师学的是工笔画，从西安归来，因工笔画不能畅机，改画大写意。所画的东西，以日常能见到的为多，不常见的，我觉得虚无缥缈，画得虽好，总是不切实际。我题画葫芦诗说："几欲变更终缩手，舍真作怪此生难。"不画常见的而去画不常见的，那就是舍真作怪了。我画实物，并不一味地刻意求似，能在不求似中得似，

方得显出神韵。我有句说："写生我懒求形似，不厌声名到老低。"所以我的画，不为俗人所喜，我亦不愿强合人意，有诗说："我亦人间双妙手，搔人痒处最为难。"我向来反对宗派拘束，曾云："逢人耻听说荆关，宗派夸能却汗颜。"也反对死临死摹，又曾说过"山外楼台云外峰，匠家千古此雷同"，"一笑前朝诸巨手，平铺细抹死工夫"。因之，我就常说："胸中山气奇天下，删去临摹手一双。"赞同我这见解的人，陈师曾是头一个，其余就算瑞光和尚和徐悲鸿了。

我画山水，布局立意，总是反复构思，不愿落入前人窠臼。五十岁后，懒于多费神思，曾在润格中订明不再为人画山水，在这二年中，画了不过寥寥几幅。本年因给我编印诗稿，代求名家题词，我答允各作一图为报，破例画了几幅，如给吴北江（闿生）画的《莲池讲学图》，给杨云史（圻）画的《江山万里楼图》，给赵幼梅（元礼）画的《明灯夜雨楼图》，给宗子威画的《辽东吟馆谈诗图》，给李释堪（宣倜）画的《握兰簃填词图》，这几幅图，我自信都是别出心裁，经意之作。

民国二十二年（1933年）我七十一岁。你给我编的《白石诗草》八卷，元宵节印成，这件事，你很替我费了些心，我很感谢你的。我在戊辰年印出的《借山吟馆诗草》，是

听元宵，往岁喧哗，
歌也千家，舞也千家。
听元宵，今岁嗟呀，
愁也千家，怨也千家。
那里有闹红尘香车宝马？
祇不过送黄昏古木寒鸦。
诗也消乏，酒也消乏，
冷落了春风，憔悴了梅花。
——明·王磐《古蟾宫·元宵》

用石版影印我的手稿，从光绪壬寅到民国甲寅十二年间所作，收诗很少。这次的《白石诗草》，是壬寅以前和甲寅以后作的，曾经樊樊山选定，又经王仲言重选，收的诗比较多。

我的刻印，最早是走的丁龙泓、黄小松一路，继得《二金蝶堂印谱》，乃专攻赵㧑叔的笔意。后见天发神谶碑，刀法一变，又见三公山碑，篆法也为之一变。最后喜秦权，纵横平直，一任自然，又一大变。光绪三十年以前，摹丁、黄时所刻之印，曾经拓存，湘绮师给我作过一篇序。民国六年（丁巳），家乡兵乱，把印拓全部失落，湘绮师的序文原稿，藏在墙壁内，幸得保存。民国十七年，我把丁巳后在北京所刻的，拓存四册，仍用湘绮师序文，刊在卷前，这是我定居北京后第一次拓存的印谱。本年我把丁巳以后所刻三千多方印中，选出二百三十四印，用朱砂泥亲自重行拓存。内有因求刻的人促迫取去，只拓得一二页，制成锌版充数的，此次统都剔出，另选我最近所刻自用的印加入，凑足原数，仍用湘绮师原序列于卷首，这是我在北京第二次所拓的印谱。又因戊辰年第一次印谱出书后，外国人购去印拓二百方，按此二百方，我已无权再行复制，只得把庚午、辛未两年所刻的拓本，装成六册，去年今年刻的较少，拓本装成四册，合计十册，这是我第三次拓的印谱。

三月，见报载，日军攻占热河、平津一带，深受威胁，人心很感恐慌。五月，塘沽协定成立，华北主权，丧失殆尽。春夏间，北平谣言四起，我承门人纪友梅的关切，邀我到他的东交民巷寓所去避居，住了二十来天。

冬十二月二十三日，是我祖母马孺人一百二十岁冥诞之期。我祖母于光绪二十七年辛丑十二月十九日逝世，至今已过了三十二个周年了。她生前，我没有多大的力量好好地侍奉，现在逢到她的冥诞，又是百二十岁的大典，理应稍尽寸心。那天在家，延僧诵经，敬谨设祭。到了夜晚，焚化冥镪时，我另写了一张文启，附在冥镪上面，一起焚掉。文启说：

祖母齐母马太君，今一百二十岁，冥中受用，外神不得强得。今长孙年七十一岁，避匪难，居燕京，有家不能归，将至死不能扫祖母之墓，伤心哉！

想起千里游子，远别故乡庐墓，望眼天涯，黯然魂销。况我垂暮之年，来日苦短，旅怀如织，更是梦魂难安。

民国二十三年（1934 年），我七十二岁。我在光绪十八年（壬辰）三十三岁时，所刻的印章，都是自己的姓名，用在诗画方面的而已。刻的虽不多，收藏的印石，却有二百来方，我遂自名为"三百石印斋"。至民国十一年（壬戌）我六十岁时，自刻自用的印章多了，其中十分之

十年种树成林易，
树画成林一辈难。
直到发亡瞳欲瞎，
赏心谁看雨余山。
——题《雨后山村图》

二三，都是名贵的佳石。可惜这些印石，留在家乡，在丁卯、戊辰两年兵乱中，完全给兵匪抢走，这是我生平莫大的恨事。民国十六年（丁卯）以后，我没曾回到家乡去过，在北平陆续收购的印石，又积满了三百方，三百石印斋倒也名副其实，只是石质没有先前在家乡失掉的好了。上年罗祥止来，向我请教刻印的技法，求我当场奏刀。我把所藏的印石，一边刻给他看，一边讲给他听。祥止说，听我的话，如闻霹雳，看我挥刀，好像呼呼有风声，佩服得了不得，非要拜我为师不可，我就只好答允，收他为门人了。本年又有一个四川籍的友人，也像祥止那样，屡次求我刻给他看，我把指示祥止的技法照样地指示他。因此，从去年至今，不满一年的时候，把所藏的印石，全数刻完，所刻的印章，连以前所刻，又超过了三百之数，就再拓存下来，留示我子孙。

我刻印，同写字一样。写字，下笔不重描，刻印，一刀下去，决不回刀。我的刻法，纵横各一刀，只有两个方向，不同一般人所刻的，去一刀，回一刀，纵横来回各一刀，要有四个方向，篆法高雅不高雅，刀法健全不健全，懂得刻印的人，自能看得明白。我刻时，随着字的笔势，顺刻下去，并不需要先在石上描好字形，才去下刀。我的刻印，比较有劲，等于写字有笔力，就在这一点。常见他人刻石，

吾有《借山吟馆图》:

凡天下之名山大川，目之所见者，或耳之所闻者，吾皆欲借之，所借之山非一处也……皆中国风景，为山水写照。

——齐白石《借山图卷》手记

来回盘旋，费了很多时间，就算学得这一家那一家的，但只学到了形似，把神韵都弄没了，貌合神离，仅能欺骗外行而已。他们这种刀法，只能说是蚀削，何尝是刻印。我常说：世间事，贵痛快，何况篆刻是风雅事，岂是拖泥带水，做得好的呢？

本年四月二十一日，宝珠又生了个男孩，取名良年，号寿翁，乳名小翁子。

民国二十四年（1935年），我七十三岁。本年起，我衰败之相迭出，右半身从臂膀到腿部，时时觉得酸痛，尤其可怕的是一阵阵的头晕，请大夫诊治了几次，略略似乎好些。阳历四月一日，即阴历二月二十八日，携同宝珠南行。三日午刻到家，我的孙辈外孙辈和外甥等，有的已二十往外的人，见着我面，都不认识。我离家快二十年了，住的房子，没有损坏，还添盖了几间，种的果木花卉，也还照旧，山上的树林，益发的茂盛。我长子良元，三子良琨，兄弟俩带头，率领着一家子大大小小，把家务整理得有条有理，这都是我的好子孙哪！只有我妻陈春君，瘦得可怜，她今年已七十四岁啦。我在茹家冲家里，住了三天，就同宝珠动身北上。我别家时，不忍和春君相见。还有几个相好的亲友，在家坐待相送，我也不使他们知道，悄悄地离家走了。十四日回到了北京。这一次回家，祭扫了先人的坟墓，

余画山水二十余年，
不喜平庸，前清以青藤、
大涤子外，
虽有好事者论王姓为画圣，
余以为匠家作，
然余画山水绝无人称许，
中年仅自画借山图数十纸而已，
老年绝笔。
——《齐白石书法与欣赏》

　　我日记上写道："乌鸟私情，未供一饱，哀哀父母，欲养不存。"我自己刻了一枚"悔乌堂"的印章，怀乡追远之念，真是与日俱增的啊！

　　我因连年时局不靖，防备宵小觊觎，对于门户特别加以小心。我的跨车胡同住宅，东面临街，我住在里面北屋，廊子前面，置有铁制的栅栏，晚上拉开，加上了锁，严密得多了。阴历六月初四日上午寅刻，我听得犬吠之声，聒耳可厌，亲自起床驱逐。走得匆忙得些，脚骨误触铁栅栏的斜撑，一跤栽了下去。宝珠母子，听见我呼痛之声，急忙出来，抬我上床，请来正骨大夫，仔细诊治，推拿敷药，疼痛稍减。但是腿骨的筋，已长出一寸有零，腿骨脱了骱，公母骨错开了不相交，几乎成了残疾。

　　民国二十五年（1936年），我七十四岁。阴历三月初七日，清明节的前七天，尊公邀我到张园，参拜袁督师崇焕遗像。那天到的人很多，记得有陈散原、杨云史、吴北江诸位。吃饭的时候，我谈起："我想在西郊香山附近，觅一块地，预备个生圹。前几年，托我同乡汪颂年（诒书），写过'处士齐白石之墓'七个大字的碑记。墓碑有了，墓地尚无着落。拟恳诸位大作家，俯赐题词，留待他日，俾光泉壤。"当时诸位都允承了，没隔几天，诗词都寄了来，这件事，也很感激你贤父子的。

吾画山水，
时流诽之，
故余几绝笔。
——齐白石

四川有个姓王的军人，托住在北平的同乡，常来请我刻印，因此同他通过几回信，成了千里神交。春初，寄来快信，说：蜀中风景秀丽，物产丰富，不可不去玩玩，接着又来电报，欢迎我去。宝珠原是出生在四川的，很想回娘家去看看，遂于阴历闰三月初七日，同宝珠带着良止、良年两个孩子，离平南下。二十九日夜，从汉口搭乘太古公司万通轮船，开往川江。五月一日黄昏，过沙市。沙市形势，很有些像湘潭，沿江有山嘴拦挡，水从江中流出，江岸成弯形，便于泊船。四日未刻，过万县，泊武陵。我心病发作，在船内很不舒适，到夜半病才好了。五日酉刻，抵嘉州。宝珠的娘家，在转斗桥胡家冲，原是郫都县属，但从嘉州登岸，反较近便。我们到了宝珠的娘家，住了三天，我陪她祭扫她母亲的坟墓，算是了却她一桩心愿。我有诗说：

为君骨肉暂收帆，三日乡村问社坛。
难得老夫情意合，携樽同上草堆寒。

十一日到重庆。十五日宿内江。十六日抵成都，住南门文庙后街，认识了方鹤叟旭。那时，金松岑、陈石遗、黄宾虹，都在成都，本是神交多年，此次见面，倍加亲热。松岑面许给我撰作传记。我在国立艺院和私立京华美专教过的学生，在成都的，都来招待我。

川中山水之佳，较桂林更胜一筹。我游过了青城、峨

二十日为友人题旧画幅：
余少时不喜前清名人工致画，
山水以董玄宰、释道济外，
作为匠家目之……。

——《齐白石诗文篆刻集》

峨等山，就离别诸友，预备东返。门生们都来相送。我记得俗谚有"老不入川"这句话，预料此番出川，终我之生，未必会再来的了。我留别门生的诗，有句云："蜀道九千年八十，知君不劝再来游"就是这个意思。八月二十五日离成都，经重庆、万县、宜昌，三十一日到汉口。住在朋友家。因腹泻耽搁了几天。九月四日，乘平汉车北行，五日到北平，回家。有人问我："你这次川游，既没有作多少诗，也没有作什么画，是不是心里有了不快之事，所以兴趣毫无了呢？"我告诉他说："并非如此！我们去时是四个人，回来也是四个人，心里有什么不快呢？不过四川的天气，时常浓雾蔽天，看山是扫兴的。"我背了一首《过巫峡》的诗给他听：

怒涛相击作春雷，江雾连天扫不开，
欲乞赤乌收拾尽，老夫原为看山来。

青藤（徐渭）、雪个（八大山人）、大涤子（石涛）之画，能纵横涂抹，余心极服之。恨不生前三百年，或为诸君磨墨理纸，诸君不讳，余于门之外，饿而不去，亦快事也。

——齐白石《老萍诗草》

避世时期

1937 - 1948

　　民国二十六年（1937年），我七十七岁。早先我在长沙，舒贻上之鎏给我算八字，说："在丁丑年，脱丙运，交辰运。辰运是丁丑年三月十二日交，壬午三月十二日脱。丁丑年下半年即算辰运，辰与八字中之戌相冲，冲开富贵宝藏，小康自有可期，唯丑辰戌相刑，美中不足。"又说："交运时，可先念佛三遍，然后默念辰与酉合若干遍，在立夏以前，随时均宜念之。"又说："十二日戌时，是交辰运之时，属龙属狗之小孩宜暂避，属牛羊者亦不可近。本人可佩一金器，如金戒指之类。"念佛、带金器、避见属龙属狗属牛羊的人，我听了他话，都照办了。我还在他批的命书封面，写了九个大字："十二日戌刻交运大吉。"又在里页，写了几行字道："宜用瞒天过海法，今年七十五，可口称七十七，作为逃过七十五一关矣。"从丁丑年起，我就加了两岁，本年就算七十七岁了。

　　二月二十七日，即阴历正月十七日，宝珠又生了一个女孩，取名良尾，生了没有几天，就得病死了。这个孩子，

山外楼台云外峰，匠家千古此雷同。
卅年删尽雷同法，赢得同侪骂此翁。

生得倒还秀丽，看样子不是笨的，可惜是昙花一现，像泡沫似的一会儿就幻灭了。

七月七日，即阴历五月二十九日，那天正交小暑节，天气已是热得很。后半夜，日本军阀在北平广安门外卢沟桥地方，发动了大规模的战事。卢沟桥在当时，是宛平县的县城，城虽很小，却是一个用兵要地，俨然是北平的屏障，失掉了它，北平就无险可守了。第二天，是阴历六月初一日，早晨见报，方知日军蓄意挑衅，事态有扩大可能，果然听到西边嘭嘭的好几回巨大的声音，乃是日军轰炸了西苑。接着南苑又炸了，情势十分紧张。过了两天，忽然传来讲和的消息。但是，有一夜，广安门那边，又有啪啪啪的机枪声，闹了大半宵。如此停停打打，打打停停，闹了好多天。到了七月二十八日，即阴历六月二十一日，北平天津相继都沦陷了。前几天所说的讲和，原来是日军调兵遣将、准备大举进攻的一种诡计。我们的军队，终于放弃了平津，转向内地而去。

这从来没曾遭遇过的事情，一旦身临其境，使我胆战心惊，坐立不宁。怕的是：沦陷之后，不知要经受怎样的折磨，国土也不知哪天才能光复，那时所受的刺激，简直是无法形容。我下定决心，从此闭门家居，不与外界接触。

乱涂几株树，远望得神理。
漫道无人知，老夫且自喜。

艺术学院和京华美术专门学校两处的教课，都辞去不干了。亡友陈师曾的尊人散原先生于九月间逝世，我作了一副挽联送了去，联道：

> 为大臣嗣，画家爷，一辈作诗人，消受清闲原有命；
> 由南浦来，西山去，九天入仙境，乍经离乱岂无愁。

下联的末句，我有说不尽的苦处，含蓄在内。我因感念师曾生前对我的友谊，亲自到他尊人的灵前行了个礼，这是我在沦陷后第一次出大门。

民国二十七年（1938年），我七十八岁。瞿兑之来请我画《超览楼禊集图》，我记起这件事来了！前清宣统三年三月初十日，是清明后两天，我在长沙，王湘绮师约我到瞿子玖超览楼看樱花海棠，命我画图，我答允了没有践诺。兑之是子玖的小儿子，会画几笔梅花，曾拜尹和伯为师，画笔倒也不俗。他请我补画当年的《禊集图》，我就画了给他，了却一桩心愿。

六月二十三日，即阴历五月二十六日，宝珠生了个男孩，这是我的第七子，宝珠生的第四子。我在日记上写道："二十六日寅时，钟表乃三点二一分也。生一子，名曰良末，字纪牛，号耋根。此子之八字：戊寅、戊午、丙戌、庚寅，为炎上格，若生于前清时，宰相命也。"我在他的命册上

扫除凡格总难能，十载关门始变更。
老把精神苦抛掷，功夫深浅自心明。

批道："字以纪牛者，牛，丑也，记丁丑年怀胎也。号以耋根也，八十为耋，吾年八十，尚留此根苗也。"

十二月十四日，孙秉声出生，是良迟的长子。良迟是我的第四子，宝珠所生的第一子，今年十八岁，娶的是献县纪文达公后裔纪彭年的次女。宝珠今年三十七岁已经有了孙子啦，我们家，人丁可算兴旺哪！美中不足的是：秉声生时，我的第六子良年，乳名叫做小翁子的，病得很重，隔不到十天，十二月二十三日死了，年才五岁。

这孩子很有点凤根，当他三岁时，知识渐开，已经能懂得人事，见到爱吃的东西，从不争多论少，也不争先恐后，父母唤他才来，分得的还要留点给父母。我常说："孔融让梨，不能专美于前，我家的小翁子，将来一定是有出息的。"

不料我有厚望的孩子，偏偏不能长寿，真叫我伤心！又因国难步步加深，不但上海南京，早已陷落，听说我们家乡湖南，也已沦入敌手，在此兵荒马乱的年月，心绪恶劣万分，我的日记《三百石印纪事》，无意再记下去，就此停笔了。

民国二十八年（1939年），我七十九岁。二十九年（庚辰·一九四〇），我八十岁。自丁丑北平沦陷后，这三年间，我深居简出，很少与人往还，但是登我门求见的人，

东港田中泉，注荫二顷宽。
徐流下江去，与酌共长天。
千仞馀霞山，杜鹃花蕊繁。
春深一夜雨，红过那边湾。
宅边枫树坞，独酌无邻里。
时闻落叶声，知是秋风起。
东溪乌臼树，结子白如雪。
尽日只鸦声，直上黄昏月。
——《怀家山》

非常之多。敌伪的大小头子，也有不少来找我的，请我吃饭，送我东西，跟我拉交情，图接近，甚至要求我跟他们一起照相，或是叫我去参加什么盛典，我总是婉辞拒绝，不出大门一步。他们的任何圈套，都是枉费心机。我怕他们纠缠不休，懒得跟他们多说废话，干脆在大门上贴一张纸条，写了十二个大字："白石老人心病复作，停止见客。"我原来是确实有点心脏病的，并不严重，就借此为名，避免与他们接近。"心病"两字，另有含义，我自谓用得很是恰当。只因物价上涨，开支增加，不靠卖画刻印，无法维持生活，不得不在纸条上，补写了几句："若关作画刻印，请由南纸店接办。"那时，囤积倒把的奸商，非常之多，他们发了财，都想弄点字画，挂在家里，装装门面，我的生意，简直是忙不过来。

二十八年己卯年底，想趁过年的时候，多休息几天，我又贴出声明："二十八年十二月初一起，先来之凭单退，后来之凭单不接。"

过了年，二十九年庚辰正月，我为了生计，只得仍操旧业，不过在大门上，加贴了一张"画不卖与官家，窃恐不祥"的告白，说："中外官长，要买白石之画者，用代表人可矣，不必亲驾到门。从来官不入民家，官入民家，

杏子坞外山，闲看日将夕。

不愁忘归路，幸有牛蹄迹。

——齐白石《忆星塘老屋》

主人不利。谨此告知，恕不接见。"这里头所说的"官入民家，主人不利"的话，是有双关意义的。我还声明："绝止减画价，绝止吃饭馆，绝止照相。"在绝止减画价的下面，加了小注："吾年八十矣，尺纸六元，每元加二角。"另又声明："卖画不论交情，君子自重，请照润格出钱。"我是想用这种方法，拒绝他们来麻烦的。还有给敌人当翻译的，常来讹诈，有的要画，有的要钱，有的欺骗，有的硬索，我在墙上，又贴了告白，说："切莫代人介绍，心病复作，断难报答也。"又说："与外人翻译者，恕不酬谢，求诸君莫介绍，吾亦苦难报答也。"

这些字条，日军投降后，我的看门人尹春如，从大门上揭了下来，归他保存。春如原是清朝宫里的太监，分配到肃王府，清末，侍候过肃亲王善耆的。

二月初，得良元从家乡寄来快信，得知我妻陈春君，不幸于正月十四日逝世，寿七十九岁。春君自十三岁来我家，熬穷受苦，从无怨言，我在北平，卖画为活，北来探视，三往三返，不辞跋涉。相处六十多年，我虽有恒河沙数的话，也难说尽贫贱夫妻之事，一朝死别，悲痛刻骨，泪哭欲干，心摧欲碎，作了一副挽联：

怪赤绳老人，系人夫妻，何必使人离别；

屋后青山多，斫柴思烂柯。
门前溪水流，洗耳不饮牛。
可惜借山翁，衰年在外头。

问黑面阎王，主我生死，胡不管我团圆。

又作了一篇祭文，叙说我妻一生贤德，留备后世子孙，观览勿忘。

良元信上还说，春君垂危之时，口嘱儿孙辈，慎侍衰翁，善承色笑，切莫使我生气。我想：远隔千里，不能当面诀别，这是她一生最后的缺恨，叫我用什么方法去报答她呢？我在北平，住了二十多年，雕虫小技，天下知名，所教的门人弟子，遍布南北各省，论理，应该可以自慰的了，但因亲友故旧，在世的已无多人，贤妻又先我而去，有家也归不得，想起来，就不免黯然销魂了。我膝下男子六人，女子六人，儿媳五人，孙曾男女共四十多人，见面不相识的很多。人家都恭维我多寿多男，活到八十岁，不能说不多寿；儿女孙曾一大群，不能说不多男；只是福薄，说来真觉惭愧。

民国三十年（1941年），我八十一岁。宝珠随侍我二十多年，勤俭柔顺，始终不倦，春君逝世后，很多亲友，劝我扶正，遂于五月四日，邀请在北平的亲友二十余人，到场作证。先把我一生劳苦省俭，积存下来的一点薄产，分为六股，春君所生三子，分得湖南家乡的田地房屋，宝珠所生三子，分得北平的房屋现款，春君所生的次子良黼，已不在人世，由次儿媳同其子继承。立有关分产业字据，

六人各执一份，以资信守。分产竣事后，随即举行扶正典礼，我首先郑重声明："胡氏宝珠立为继室！"到场的二十多位亲友，都签名盖印。我当着亲友和儿孙等，在族谱上批明："日后齐氏续谱，照称继室。"宝珠身体素弱，那天十分高兴，招待亲友，直到深夜，毫无倦累神色。

隔不多天，忽有几个日本宪兵，来到我家，看门人尹春如拦阻不及，他们已直闯进来，嘴里说着不甚清楚的中国话，说是："要找齐老头儿。"我坐在正间的藤椅子上，一声不响，看他们究竟要干些什么，他们问我话，我装得好像一点儿都听不见，他们近我身，我只装没有看见，他们叽里咕噜，说了一些我听不懂的话，也就没精打采地走了。事后，有人说："这是日军特务，派来吓唬人的。"也有人说："是几个喝醉的酒鬼，存心来捣乱的。"我也不问其究竟如何，只嘱咐尹春如，以后门户，要加倍小心，不可再疏忽，吃此虚惊。

民国三十一年（1942年），我八十二岁。在七八年前，就已想到：我的岁数，过了古稀之年，桑榆暮景，为日无多，家乡辽远，白云在望，生既难还，死亦难归。北京西郊香山附近，有万安公墓，颇思预置生圹，备作他日葬骨之所，曾请同乡老友汪颂年写了墓碑，又请陈散原、吴北

仙人见我手曾摇，怪我尘情尚未消。
马上惯为山写照，三峰如削笔如刀。
——齐白石《画华岳图题句》

江、杨云史诸位题词做纪念。只是岁月逶巡，因循坐误，香山生圹之事，未曾举办。二十五年丙子冬，我又想到埋骨在陶然亭旁边，风景既优美，地点又近便，复有香冢、鹦鹉冢等著名胜迹，后人凭吊，倒也算做佳话。知道你曾替人成全过，就也托你代办一穴，可惜你不久离平南行，因此停顿至今。上年年底，你回平省亲，我跟你谈起旧事，承你厚意，和陶然亭慈悲禅林的主持慈安和尚商妥，慈安愿把亭东空地一段割赠，这真是所谓"高谊如云"的了。正月十三日，同了宝珠，带着幼子，由你陪去，介绍和慈安相晤，谈得非常满意。看了看墓地，高敞向阳，苇塘围绕，确是一块佳域。当下定议。我填了一阕《西江月》的词，后边附有跋语，说："壬午春正月十又三日，余来陶然亭，住持僧慈安赠妥坟地事，次溪侄，引荐人也，书于词后，以记其事。"但因我的儿孙，大部分都在湖南家乡，万一我死之后，他们不听我话，也许运柩回湘，或是改葬他处，岂不有负初衷，我写一张委托书交你收存，免得他日别生枝节。这样，不仅我百年骸骨，有了归宿，也可算是你我的一段生死交情了。（张次溪按：老人当时写的委托书说："百年后埋骨于此，虑家人不能遵，以此为证。"我曾请徐石雪丈宗浩，画过一幅《陶然亭白石觅塘图》，名流题词甚多，

留作纪念。）

　　那年，我给你画的《萧寺拜陈图》，自信画得很不错，你请人题的诗词，据我看，治芗傅岳芬题的那首七绝，应该说是压卷。我同陈师曾的交谊，你是知道的，我如没有师曾的提携，我的画名，不会有今天。师曾的尊人散原先生在世时，记得是二十四年乙亥的端阳节左右，你陪我到姚家胡同去访问他，请他给我作诗集的序文，他知道了我和师曾的关系，慨然应允。没隔几天，序文就由你交来。我打算以后如再刊印诗稿，陈、樊二位的序文，一起刊在卷前，我的诗稿，更可增光得多了。我自二十六年丁丑六月以后，不出家门一步。只在丁丑九月，得知散原先生逝世的消息，破例出了一次门，亲自去拜奠，他灵柩寄存在长椿寺，我也听人说起过，这次你我同到寺里去凭吊，我又破例出门了。（张次溪按：散原太世丈逝世时，我远客江南，壬午春，我回北平，偶与老人谈及，拟往长椿寺祭拜，老人愿偕往，归后，特作《萧寺拜陈图》给我，我征集题词很多。傅治芗丈诗云："棨棨盖世一棺存，岁瓣心香款寺门，彼似沧州陈太守，重封马鬣祭茶村。"）

　　民国三十二年（1943年），我八十三岁。自从卢沟桥事变至今，已过了六个年头，天天提心吊胆，在忧闷中过

闻道衡湘似弈棋，山光惨淡鸟乌悲。

庭闻此日知何处，肠断题诗老画师。

——齐白石《借山图》

着苦难日子。虽还没有大祸临身，但小小的骚扰，三天两头总是不免。最难应付的，就是假借买画的名义，常来捣乱，我这个八十开外的老翁，哪有许多精力，同他们去作无谓周旋。万不得已，从癸未年起，我在大门上，贴了四个大字："停止卖画"。从此以后，无论是南纸店经手，或朋友介绍，一概谢绝不画。家乡方面的老朋友，知道我停止卖画，关心我的生活，来信问我近况。我回答他们一首诗，有句云：

  寿高不死羞为贼，不丑长安作饿饕。

  我是宁可挨冻受饿，决不甘心去取媚那般人的。

  我心里正在愁闷难遣的时候，偏偏又遭了一场失意之事：十二月十二日，继室胡宝珠病故，年四十二岁。宝珠自十八岁进我家门，二十多年来，善事我的起居，寒暖饥饱，刻刻关怀。我作画之时，给我理纸磨墨，见得我的作品多了，也能指出我笔法的巧拙，市上冒我名的假画，一望就能辨出，我偶或有些小病，她衣不解带地昼夜在我身边，悉心侍候。春君在世时，对她很是看重，她也处处不忘礼节，所以妻妾之间，从未发生龃龉。我本想风烛之年，仗她护持，身后之事，亦必待她料理，不料她方中年，竟先衰翁而去，怎不叫我洒尽老泪，犹难抑住悲怀哩！

  民国三十三年（1944 年），我八十四岁。我满怀积忿，无可发泄，只有在文字中，略吐不幸之气。胡冷庵拿他所

祝融天际白云寒，南北相征战未还。
画里山河无赋税，摆来燕市几人看。
——齐白石《借山图》

画的山水卷子，叫我题诗，我信笔写了一首七绝，说：

对君斯册感当年，撞破金瓯国可怜。

灯下再三挥泪看，中华无此整山川。

我这诗很有感慨。我虽停止卖画，但作画仍是天天并不间断，所作之画，分给儿女们保存。我画的《鸬鹚舟》，题诗道：

大好江山破碎时，鸬鹚一饱别无知，

渔人不识兴亡事，醉把扁舟系柳枝。

我题门生李苦禅画的《鸬鹚鸟》，写了一段短文道：

此食鱼鸟也，不食五谷鸬鹚之类。有时河涸江干，或有饿死者，渔人以肉饲其饿者，饿者不食。故旧有谚云：鸬鹚不食鸬鹚肉。

这是说汉奸们同鸬鹚一样的"一饱别无知"，但"鸬鹚不食鸬鹚肉"，并不自戕同类，汉奸们对之还有愧色哩。

我题群鼠图诗：

群鼠群鼠，何多如许！何闹如许！

既啮我果，又剥我黍。

烛炧灯残天欲曙，严冬已换五更鼓。

又题画螃蟹诗：

处处草泥乡，行到何方好！

窄则不掩，薄则不温。
累人至重，御寒觉轻。
——齐白石《被铭》

昨岁见君多，今年见君少。

　　我见敌人的泥脚愈陷愈深，日暮途穷，就在眼前，所以拿老鼠和螃蟹来讽刺它们。有人劝我明哲保身，不必这样露骨地讽刺。我想：残年遭乱，死何足惜，拼着一条老命，还有什么可怕的呢？

　　六月七日，忽然接到艺术专科学校的通知，叫我去领配给煤。艺专本已升格为学院，沦陷后又降为专科学校。那时各学校的大权，都操在日籍顾问之手，各学校里，又都聘有日文教员，也是很有权威，人多侧目而视。我脱离艺校，已有七年，为什么凭空给我这份配给煤呢？其中必有原因，我立即把通知条退了回去，并附了一封信道："顷接艺术专科学校通知条，言配给门头沟煤事。白石非贵校之教职员，贵校之通知误矣。先生可查明作罢论为是。"煤在当时，固然不易买到，我齐白石又岂是没有骨头、爱贪小便宜的人，他们真是错看了人哪！

　　朋友因我老年无人照料，介绍一位夏文珠女士来任看护，那是九月间事。

　　民国三十四年（1945 年），我八十五岁。三月十一日，即阴历正月二十七日，我天明复睡，得了一梦：立在馀霞峰借山馆的晒坪边，看见对面小路上有抬殡的过来，好像

白石欲归情更怯，西山好看路难行。
白头胡五狂犹在，同醉长沙夜雨声。
——齐白石《题画山水》

是要走到借山馆的后面去。殡后随着一口没有上盖的空棺，急急地走到殡前面，直向我家走来。我梦中自想，这是我的棺，为什么走得这样快？看来我是不久人世了。心里头一纳闷，就惊醒了。醒后，愈想愈觉离奇，就作了一副自挽联道：

有天下画名，何若忠臣孝子；

无人间恶相，不怕马面牛头。

这不过无聊之极，聊以解嘲而已。

到了八月十四日（编者按，8月15日日本投降），传来莫大的喜讯：抗战胜利，日军无条件投降。我听了，胸中一口闷气，长长地松了出来，心里头顿时觉得舒畅多了。这一乐，乐得我一宵都没睡着，常言道，心花怒放，也许有点相像。十月十日是华北军区受降的日子，熬了八年的苦，受了八年的罪，一朝拨开云雾，重见天日，北平城里，人们面有喜色。那天，侯且斋、董秋崖、余倜等来看我，留他们在家小酌，我作了一首七言律诗，结联云：

莫道长年亦多难，太平看到眼中来。

民国三十五年（1946年），我八十六岁。抗战结束，国土光复，我恢复了卖画刻印生涯，琉璃厂一带的南纸铺，把我的润格，照旧地挂了出来。我的第五子良已，在辅仁

海滨池底好移根，杯木丸泥可断魂。
有识荷花应欲语，宝缸身世未为恩。
——齐白石《盆荷》

大学美术系读书学画，颇肯用功，平日看我作画，我指点笔法，也能专心领会，仿的作品，人家都说可以乱真，求他画的人，也很不少。十月，南京方面来人，请我南下一游，是坐飞机去的，我的第四子良迟和夏文珠同行。先到南京，中华全国美术会举行了我的作品展览；后到上海，也举行了一次展览。我带去的二百多张画，全部卖出，回到北平，带回来的"法币"，一捆一捆的数目倒也大有可观，等到拿出去买东西，连十袋面粉都买不到了。

十二月十九日，女儿良欢死了，年十九岁。良欢幼时，乖巧得很，刚满周岁，牙牙学语，我教她认字，居然识了不忘，所以乳名小乖。自她母亲故去后，郁郁不乐，三年之间，时常闹些小病，日积月累，遂致不起。我既痛她短命，又想起了她的母亲，衰年伤心，洒了不少老泪。

民国三十六年（1947年），我八十七岁。三十七年（1948年），我八十八岁。这两年，常有人来劝我迁往南京上海等地，还有人从杭州来信，叫我去主持西湖美术院。我回答他一首诗，句云：

北房南屋少安居，何处清平著老夫？

那时，"法币"几乎成了废纸，一个烧饼，卖十万元，一个最次的小面包，卖二十万元，吃一顿饭馆，总得千万

江上青山千叠愁，山山布置在心头，
一朝对卧浑忘却，行尽崎岖似旧游。
——齐白石《题画山水》

元以上，真是骇人听闻。接着改换了"金圆券"，一圆折合"法币"三百万元，刚出现时，好像重病的人，缓过一口气，但一霎眼间，物价的涨风，一日千变，比了"法币"，更是有加无已。囤积倒把的人，街头巷尾，触目皆是。他们异想天开，把我的画，也当做货物一样，囤积起来。拿着一堆废纸似的"金圆券"，订我的画件，一订就是几十张几百张。我案头积纸如山，看着不免心惊肉跳。朋友跟我开玩笑，说："看这样子，真是'生意兴隆通四海，财源茂盛达三江'了。"实则我耗了不少心血，费了不少腕力，换得的票子，有时一张画还买不到几个烧饼，望九之年，哪有许多精神？只得叹一口气，挂出"暂停收件"的告白了。

图书在版编目（CIP）数据

与齐白石一起发现山野美.动手发现艺术 / 赵安惴
编；齐白石绘. -- 成都：四川美术出版社, 2017.9
ISBN 978-7-5410-7606-0

Ⅰ.①与… Ⅱ.①赵… ②齐… Ⅲ.①齐白石（
1864-1957）- 生平事迹②中国画 - 作品集 - 中国 - 现代
Ⅳ.①K820.6②J222.7

中国版本图书馆CIP数据核字(2017)第226472号

动手发现艺术
与齐白石一起发现山野美

齐白石 / 原绘　　赵安惴 / 编

出 品 人：马晓蜂

监　　制：今日美术馆

策　　划：赵小平　连　睿

责任编辑：宋　殳

校　　对：李　茜

特约编辑：刘　研

装帧设计：税　颖

制　　作：北京画畔风尚文化发展有限公司

出版发行：四川美术出版社

地　　址：成都市锦江区金石路239号（610031）

经　　销：新华书店

印　　制：北京彩和坊印刷有限公司

成品尺寸：889mm×1194mm 1／8

印　　张：7

图　　片：82

字　　数：18千

版　　次：2018年4月第1版

印　　次：2018年4月第1次印刷

书　　号：ISBN 978-7-5410-7606-0

定　　价：68.00元